窓をひらけば わかる データのホント

体験! 統計リテラシー

もくじ

はじめに ── 統計の落とし穴にはまらないで

　大人もはまる「統計の落とし穴」があるのを知っていますか？

　みなさんには統計というよりデータといった方が、わかりやすいかもしれませんね。インターネット、本、テレビを注意して見ると、毎日のようにグラフや統計（数字）を目にします。新型コロナの感染者数や、YouTube やインスタグラムの「いいね！」の数も、統計の一種です。

　でも、データを素直に信じてはいけません。その意味をよく考えたり、常識に照らし合わせたりすると、第一印象とはぜんぜんちがって見えることがあります。感覚に頼ると、データにだまされることがあるのです。これを「統計の落とし穴」といいます。

　この本では、「統計の落とし穴」にはまらないためのリテラシーが身につくよう、データを見るときに大切な次の4つのコツをしのばせました。

・全体はどうなっている？

・一つの数だけ見ていいの？

・くらべていいの？

・結びつけていいの？

　学校では、算数・数学という科目で統計学を学びます。でも「統計の落とし穴」は、いわば統計学のまちがった使い方です。まちがった使い方を教科書で教えるのは残念ながら難しく、算数の問題が解けても4つのコツを知らないと、毎日データにだまされちゃう、なんてことになりかねません。

この本では、人間観察ずきのトラネコが、落とし穴のかわし方を解説します。みなさんも「感覚派」から「データ派」になってくださいね。

田中　司朗

この本の読み方

ページを開いたら、まずは右のページを見てみよう。
データはなにを意味しているんだろう。

❶窓からグラフや数字が見えるよね

❷このデータを見て考えたこと

❸ちょっとまって！　どこかに落とし穴はないかな？

ページをめくると……

ページをめくると、おなじデータなのに、第一印象とはぜんぜんちがって見えるはず。

❹じつはこんなデータだった！

❺第一印象とはちがう考えになったよ

❻トラネコ流の統計解説

全体はどう
なっている？

どの化粧品

A社の化粧品が
良さそうね。
買ってみようかな

棒グラフを知ろう

棒グラフは、棒の長さで数の大きさを表したグラフです。数どうしをくらべるときに、視覚的にわかりやすくなります。

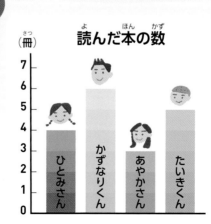

（冊）読んだ本の数

ひとみさん・かずなりくん・あやかさん・たいきくん

の評判がいいいかな？

各社の化粧品に
満足と答えた人数

(人)

100

90

80

たての軸は
満足と答えた人数を
表しているよ

たて軸を広げてみると…

ちょっとまって！

このグラフを見れば、だれだってA社の化粧品がずば抜けていると思うよね。

でも、たての軸に注意してみて！

データ 1 たて軸を広げてみると…

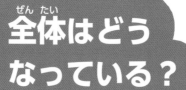

全体はどうなっている？

なーんだ。
全体を見ると、そんなに
ちがいがないわ

グラフのたて軸の全体を見よう

さっきのグラフでは、差を大きく見せるために、たて軸を80人から見せていたんだね。

グラフは、見せ方によって印象が大きく変わることがある。とくに宣伝に使われるデータは、物が売れるように都合のいい見せ方をしているかもしれない。印象にだまされないようにしよう。

6

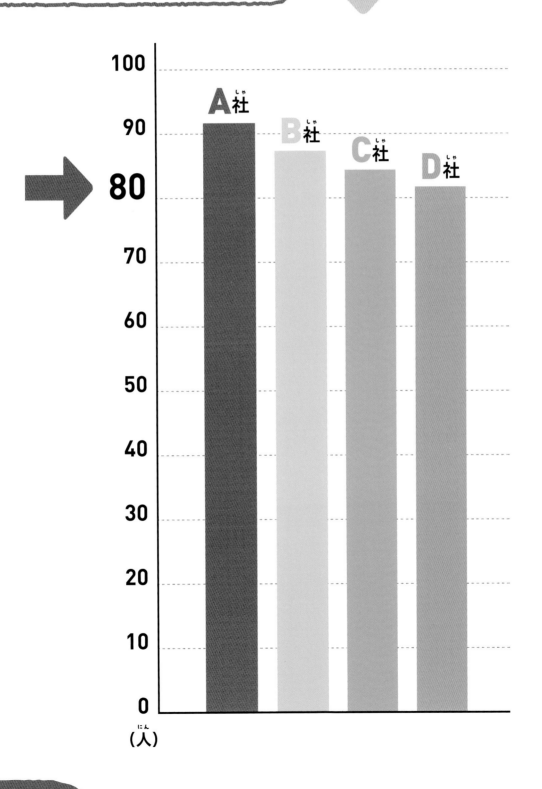

各社の化粧品に満足と答えた人数

病気の感染

よかった！
**ウィルスに感染した
人が減ってきた**

線グラフで時間による変化をあらわす

線グラフは、時間による数の変化を見るときに使うグラフです。例えば気温は時間ごとに変わるので、その変化のしかたを線グラフにすることができます。このとき、線のかたむきだけを見るのではなく、たて軸と横軸の単位も確認しましょう。

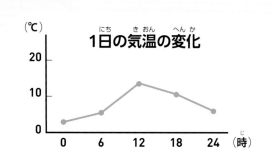

（℃）
1日の気温の変化

20

10

0

0　6　12　18　24　（時）

者が減ってきた!?

感染者数の変化

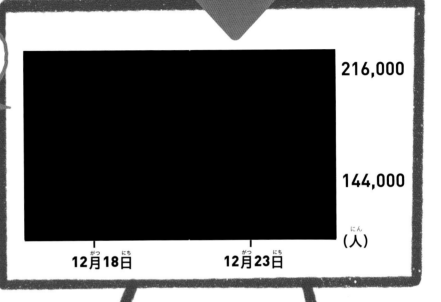

216,000

144,000

(人)

12月18日　　　　12月23日

毎日の感染者の
数を線グラフで
表しているね

横軸を広げてみると…

ちょっとまって!

お父さんは感染者が減っていると思って安心
しているよ。ただ、このグラフでは最近1週間
の変化しかわからない。こんなにせまい範囲だ
けで、安心していいのかな。

9

横軸を広げてみると…

全体はどう
なっている？

あれ？減っているように
見えたのは一時期だけで、
全体を見ると増えている?!

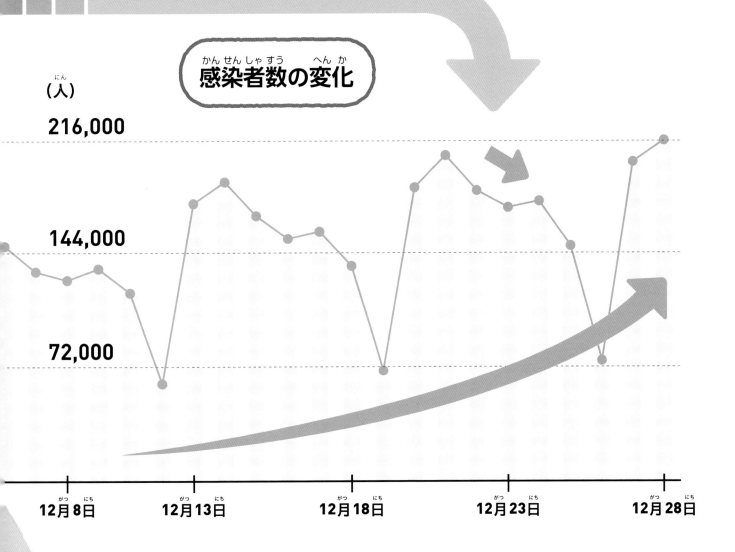

感染者数の変化

（人）

216,000

144,000

72,000

12月8日　12月13日　12月18日　12月23日　12月28日

グラフの横軸をさらに見てみよう

時間とともに変化するグラフは、せまい範囲の変化に気をとられないようにしよう。長い期間で見れば、いま見ているのは途中の小さな変化に過ぎないかもしれない。

知りたいのは、これから先はどうなるかってことだよね。だったら、せまい範囲だけを気にするんじゃなくて、これまでどんなふうに変化してきたかを見ることが大切だよ。

パッと見にだまされないで！

グラフは物事の大小や変化するようすが一目でわかって、とても便利。
けれども、こんなグラフには注意が必要だよ！

たてと横の軸をよく見て！

総理大臣が変わったあとの、内閣支持率の変化を表しているよ。木村首相が支持率を失っていったスピードにくらべて、田中首相のほうがゆっくりに見えるね。

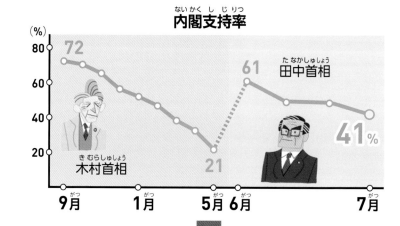

内閣支持率

横の軸の目盛りの幅がおかしいことに気づいたかな？

本当はこう

じっさいは、田中首相の支持率は6～7月にかけて急速に落ちているね。

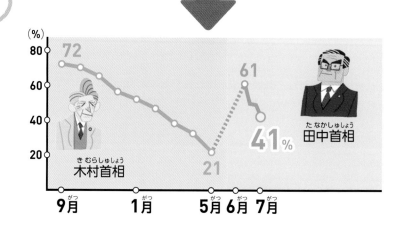

長さにだまされないで！

塾の宣伝のグラフだよ。大学にたくさん合格していることをアピールしているね。

グラフを立体にして遠近感をだして、手前が大きいように見せていたんだね。

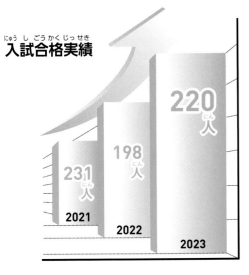

入試合格実績

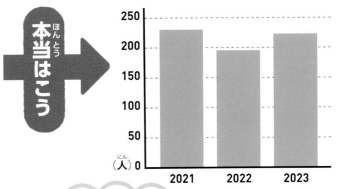

2022年は2021年よりも減っていることに気づいたかな？

大きさにだまされないで！

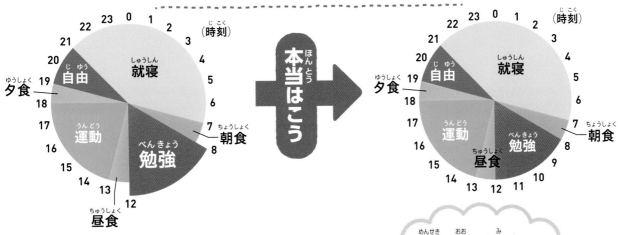

ある学生の1日の生活を円グラフで示したものだよ。勉強時間を強調しているね。

面積を大きく見せて勉強時間を長くとっているように見せたんだね

13

一つの数だけ見ていいの？ 虫歯が多い

ありゃー！
うちの生徒は
こんなに虫歯が多い！

校長

ちがいをくらべる方法

生活のさまざまな場面で、数をくらべることがあります。50メートル走のタイムをなんども測ってどれくらい速くなったかくらべたり、クラスごとの忘れ物の数をくらべたり。データにすることによって情報を整理し、ものごとのちがいをわかりやすくできます。

きのう　きょう

38.2℃　36.9℃

学校はどっち？

たしかに、
A校は虫歯の生徒が
たくさんいるね

全体の数を見てみると…

ちょっとまって！

A校の生徒は甘いものばかり食べているのかな。

それとも歯みがきをちゃんとしていないのかも？

でもね、虫歯の数だけじゃなくて、もう一つ大事

な数を見落としているよ。

全体の数を見てみると…

一つの数だけ
見ていいの？

なんだ、わがA校は**生徒が
多いから、虫歯の生徒も
多くなった**だけか

生徒全体の数に注意しよう

　データをくらべるときは、全体の人数を見るのを忘れちゃダメ
だよ。このデータも「虫歯の生徒が全体の中の何人か？」を見な
くちゃ。これを「割合」と言うよ。
　A校は生徒が1000人なので、虫歯の割合は10％（1割）、B
校は生徒が50人なので、虫歯の割合は20％（2割）になる。
　計算の仕方は22ページを見てね。

16

虫歯検診

A校	B校	
100人	10人	
1000人	50人	

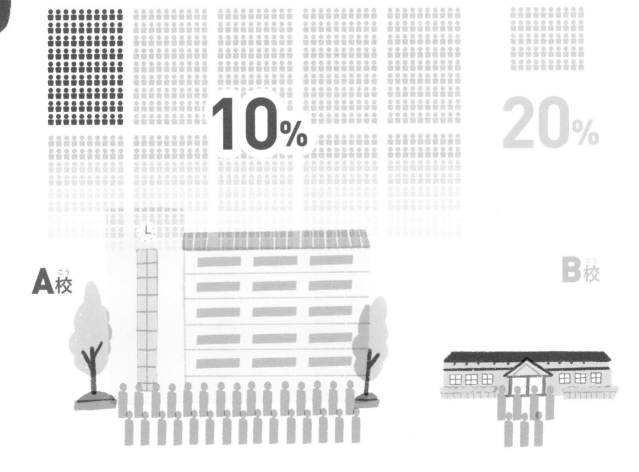

10%

20%

A校

B校

一つの数だけ 見ていいの？

みんなのお

えぇ！？
みんな、**こんなに**
もらっているの？

平均を知ろう

平均とは、複数の数をならした数です。生徒たちがテストでどれくらいの点数をとったのかとか、クラスのおよその身長を知りたいときに役に立つのが、平均です。

ひとつひとつの数の

合計÷個数＝平均

例：5人のテストの平均
（84点＋90点＋76点＋98点＋82点）÷5人＝86点

こづかいはいくら？

平均することで、全体を
ならしてだいたいの
水準をあらわしているよ

それぞれの数を見てみると…

おこづかいの平均値を見て、みんなが平均値と同じく
らいのおこづかいをもらっていると考えたみたいだね。

ほんとうにそうなのかな？

それぞれの数を見てみる

なるほど！

一つの数だけ
みていいの？

…金田くんと豊田さんが
飛びぬけてる！
2人が平均を上げていたのか

と…

クラスの平均のおこづかい

7,000円

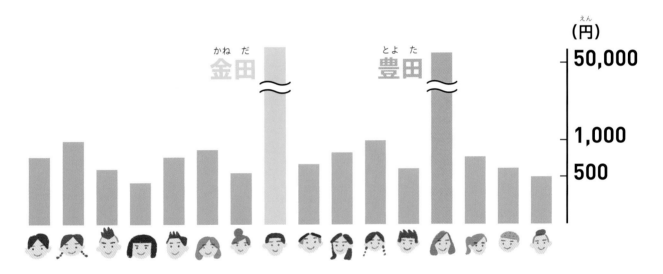

(円)

金田　豊田

50,000

1,000

500

極端な数がまじっていないか注意しよう

　平均は、その中のすごく小さい数やすごく大きい数に影響を受けてしまう。とくに、お金のように、差が大きくなりそうなものを取り扱うときには、注意が必要なんだ。

　極端な数にまどわされない方法もあるよ。それはデータのまんなかの数字を見る方法。くわしいことは 23 ページで説明したから、そっちを見てね。

21

データのツボ

一つの数だけ見ないで！

データ3とデータ4で共通するのは、一つの数だけ見てもわからないということ。統計を使いこなすには、いろいろな数を見る必要があるんだ。まずは「割合」と「平均」の性質について知っておこう。

人数か割合か、どっちでくらべる？

データ3では虫歯の人数をくらべていたけれど、生徒数が多い学校ほど虫歯の生徒が多くなるよね。生徒数がちがう学校をくらべるときは、「割合」でくらべないといけないよ。

割合について知ろう

割合とは、全体のなかで一部の量がどれくらいになるかを表すときに使う考え方。こんな式で導き出せるよ。

$$ 割合 = \frac{一部の量}{全体の量} $$

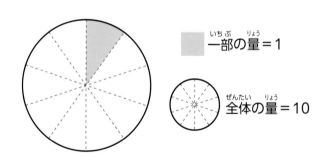

一部の量＝1

全体の量＝10

割合を表す方法に、「小数」「分数」「百分率（％）」「歩合（割）」があるよ。

小数	分数	百分率	歩合
1	1	100%	10割
0.1	$\frac{1}{10}$	10%	1割
0.01	$\frac{1}{100}$	1%	1分
0.001	$\frac{1}{1000}$	0.1%	1厘

平均かまんなかの数か、どっちで見る？

「テストの結果」や「全国の小学4年生の身長」のように、同じ条件のものでたくさんの数がある場合、大まかな特徴を知るために平均を取ることがよくあるよ。

でもデータ4では、金田くんと豊田さんが5万円以上もらっていたので、平均がはね上がってしまった。こんなふうに、極端な数が混じっていると、平均がその数に引っ張られてしまうんだ。こういうときに便利なのが、「中央値」だ。

中央値とは、**データの数値を小さい順に並べた時にちょうどまんなかにくる値**だよ。

名前	Dさん	Gさん	Cさん	Aさん	Bさん	Fさん	Eさん
点数	52点	58点	64点	67点	70点	95点	100点

平均点=72点　　中央値=67点

きみのテストの点数が平均点よりずっと高くて、クラスで一番かどうか知りたいときは、まわりの子に聞くより先生に最高点をたずねたほうがいいよ。

またこれから先、受験のために塾の模擬試験を受けることがあるかもしれない。そんなときは、自分の点数だけじゃなくて、平均点や最高点、最低点も返ってくるはず。全体の中で自分の成績がどのレベルにあるかを見るときは、いろいろな数を使いわけるとよくわかるよ。

くらべていいの？ 合格しやす

第1志望の大学に
ぜったい行きたいから、
A塾に行こう！

データを参考に、ものごとを選ぶ

なにかを選ぶとき、かたよりのない公平な
目で判断するためにデータが参考になります。
合格率もそんなデータの一つで、試験を受け
た人数のうち、何人が合格したかを割合で表
したものです。

いのはどっち？

A塾は、全員が大学に合格しているね

数字の中身を見てみると…

A塾のほうが合格率が高いということは、A塾に行けば、第1志望の大学に受かりやすいということかな？　ほかに見落としている情報はない？

数字の中身を見てみると

くらべていいの？

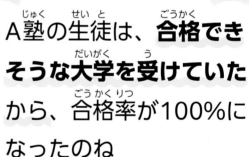

A塾の生徒は、**合格できそうな大学を受けていた**から、合格率が100%になったのね

データの背景はどうなっているかな？

データは正直だからウソはつかないよ。けれども、同質のものをくらべることができていないと、結果がゆがむこともある。

この場合、おねえちゃんは第1志望の大学に受かる塾を調べているけれど、合格率が高い塾がかならずしも「どこの大学にでも合格できる」というわけではないんだね。

大学の合格率

A塾 100%

B塾 80%

A塾

じつは…
A塾は、受かりやすい大学を受験する生徒むけの塾なので、合格率が高かった。

B塾

じつは…
B塾は、難しい大学にチャレンジすることを目標にしているから、合格率が低かった。

くらべていいの？ 選挙で勝つ

へえ。
A候補が勝つのは、
ほぼ決まりだね

調査の方法

お父さんは、テレビで選挙の結果を予想する「世論調査」を見ているようです。世論調査の方法には、アンケート用紙を郵送して記入してもらったり、電話やじかに訪問して質問する方法もあります。最近多いのは、メールやウェブフォームを用いたインターネットでの調査です。

のはどっち?

選挙の世論調査

選挙前に調べた、支持する人の割合

よーし！

むむむ

調査の方法を見てみると…

ちょっとまって！

このテレビの調査では、A候補を支持する人が多かったみたいだね。

けれども、このときの調査では見落としていることがあったんだ。

調査の方法を見てみると

くらべていいの？

ええっ？！
B候補が勝った！
どうして？

事実を正確に反映する調査だったかな？

じっさいの選挙の結果は、予想とは逆になっていた！

原因は、この調査はA候補が生まれ育った町でおこなわれたからなんだ。地元だからA候補を応援する人が多かったため、かたよった結果になったというわけ。

正確なデータをとるためには、調査する対象をかたよりなく選ぶことが大切だよ。

選挙の世論調査

A候補

B候補

57%

43%

選挙前に調べた、支持する人の割合

36%

64%

選挙の結果

実際の選挙の得票率

31

くらべていいの? カルシウム

カルシウムはのりに
たくさん入(はい)ってるのか。
**のりを食(た)べれば
カルシウムはバッチリ**だね

数字(すうじ)の単位(たんい)に注目(ちゅうもく)!

データを見(み)るとき、数字(すうじ)の単位(たんい)にも注意(ちゅうい)しましょう。右(みぎ)のデータでは、食品(しょくひん)はグラム(g)、カルシウムの重(おも)さはミリグラム(mg)で表(あらわ)されています。1ミリグラム(mg)は1グラム(g)の1000分(ぶん)の1です。食品(しょくひん)にふくまれるカルシウムは、ごくわずかなのですね。

はのりでバッチリ!?

食べ物100グラムの中に、どれだけカルシウムがふくまれているかをくらべたデータだよ

（100グラムあたりのカルシウムの量）

実際の量を見てみると…

ちょっとまって!

たしかに他とくらべると、のりのカルシウムの量はダントツだね。でも、のりで必要なカルシウムをとろうと思うと、大変なことになるんじゃないかな？

くらべていいの？

いくらカルシウムが多くても、**のりを100グラム食べるのはたいへんだ**

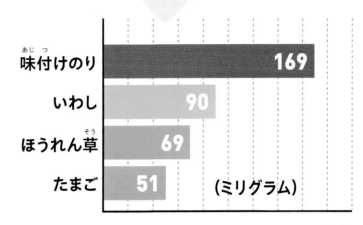

味付けのり	169
いわし	90
ほうれん草	69
たまご	51 （ミリグラム）

（食品100グラムあたりのカルシウムの量）

のり100g

ほうれん草 100g

数値を具体的にイメージしよう

じっさいに食べる量を想像してみよう。数字が大きいだけで、単純に「たくさんとれる」と考えるのは早とちりだね。100グラムあたりのカルシウムの量と、1回の食事でとれるカルシウムの量はちがうということだよ。

データのツボ

正しくくらべるには？

データ 5 からデータ 7 までに共通するのは、データをくらべるときには、くらべるものどうしの条件が合っていることが大切だということだよ。くわしく見ていこう。

数をくらべるときに大切なこと

データ 5 は A 塾と B 塾を、大学の合格率でくらべていた。
データ 6 は A 候補と B 候補の支持者の数をくらべていた。
データ 7 はのりとほうれん草を、カルシウムの量でくらべていた。
でもどれも、正しいくらべ方をしていなかったね。何かと何かをくらべるデータを見るときは、どんな集団（数の集まり）を調べているかに注目することが大切なんだ。

くらべる集団の性質はそろっているかな？

データ 5 は、A 塾と B 塾の性質がちがったので、「A 塾のほうが良い塾」と単純に言えなかったね。いくつかの集団をくらべるときは、集団の性質が同じでないと、意味のあるデータにはならないんだ。

アイドルのファンクラブ加入者数

A ちゃん　　　**B ちゃん**

じつは……
A ちゃんのファンクラブは会費が無料。
B ちゃんのファンクラブは会費が 10,000 円。

くらべる集団にかたよりはないかな？

「視聴率」という言葉を聞いたことがあるかな？ あるテレビ番組をどれだけの人が見たかという数字だよ。視聴率を調べるために、テレビを見る人すべてにアンケートをとるのは大変なので、5000人くらいを調査していると言われている。

1億人のうち5000人のデータだと少なすぎると思うかもしれないね。でも、正しいやり方でおこなえば、一部のデータから全体を知ることができる便利な方法なんだ。

ただし、調査した一部のデータが全体のデータと合わないことがある。それがデータ6だよ。アンケートをした地域は、A候補を支持する人が多かったから、実際とはちがってしまったんだね。

調査を正しくおこなうためには、調べる集団をかたよらないように選ぶことが大切なんだ。集団の中身がかたよっていると、いくらたくさんデータをとっても正確な調査にならないよ。

固定電話をもっている若い人は少ない。だから、固定電話でアンケートをとると、年齢の高い人の回答にかたよってしまう。

電話での世論調査、結果は…？

結びつけて
いいの？

朝ごはんを食

今日も朝ごはん抜き？
**成績が下がったのは、
朝ごはんを食べないせいよ！**

データから原因と結果を推測する

「薬を飲んだら、病気がなおる」「運動をすると、
体力がつく」というように、2つのことを結びつける
ことがよくあります。このように、あることが原因で
ある結果が起きることを「因果関係」と言います。
　お母さんは右のデータから「朝ごはんを食べないこ
とが原因で、成績が下がる」と考えたようです。

原因　　　結果

べないと成績が下がる？

朝食を食べる生徒と
算数のテストの平均点

65

60

55

50

45

このグラフでは、朝ごはんを
毎日食べているかどうかと、
テストの平均点との関係を
見ているよ

因果関係を見てみると…

ちょっとまって！

グラフを見ると、たしかに朝ごはんを食べていない子どものほうが成績が悪いね。

でも、ほんとうに朝ごはんを食べないから成績が下がったのかな？

因果関係を見てみると…

結びつけていいの？

成績に影響する**原因はいろいろある**のね。
そういえば、スマホを買ってから勉強時間が減ったわ。
そのせいかも？

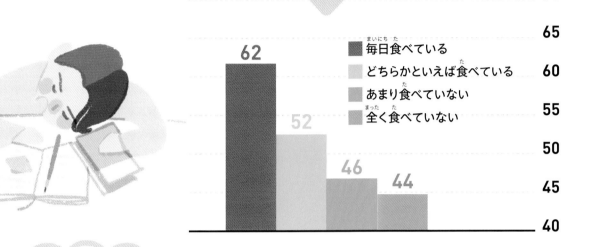

朝食を食べる生徒と
算数のテストの平均点

■ 毎日食べている	70
	65
62	
■ どちらかといえば食べている	60
■ あまり食べていない	55
52	
■ 全く食べていない	50
46 44	45
	40

成績が下がる原因は
いろいろ考えられる

因果関係が成り立つか、注意しよう

成績が下がる原因は、フクザツなんだ。朝ごはんを食べないと成績が下がるというのは単純すぎる。ほかの原因があるかもしれないよね。

くらべているものにほんとうに「因果関係」があるかどうか、立ち止まって考えよう。

データのツボ

これであなたもデータの達人！

データ8では、朝ごはんと成績をむすびつけていいか、考えたよね。
これ以外にも、データを集めて「因果関係」があるかどうか調べた
ケースはたくさんあるんだ。くわしく見ていこう。

問題解決のためには、
因果関係を調べるのがだいじ！

国が病気の対策をするとき、その病気がなぜおこるのか原因を調べてから対策をするよ。

こんな例を紹介しよう。1950年ごろのイギリスで、肺がんになった人の生活についてたくさんのデータをとったところ、タバコを吸う習慣がある人がたくさんいることがわかった。

つまり、タバコを吸うこと（原因）で、肺がんになりやすい（結果）という因果関係があったんだ。
今では、各国でタバコを吸う人が減るような対策がなされている。

逆にいうと、原因がわからないと対策できないから、データをとって因果関係を確認することがとても大切なんだ。

ただし、因果関係があるかどうかを見きわめるには、注意が必要なんだ。

データ8では、「朝ごはんを食べる」（原因）ことと「成績が上がる」（結果）を結びつけていたね。何の関係もないことを、さも関係あるように結びつけるまちがいは、いろんなところで見られるよ。

『かっけをなんとかしたい』

明治時代、日本の海軍に高木兼寛という軍医（軍隊の医者）がいた。当時、海軍では「かっけ」という深刻な病気が流行した。体がだるくて足がむくみ、病気が進むと心臓が悪くなって死ぬ人もいたんだ。

このとき、高木はあることに気がついた。それは、貧しい食事しか食べていなかった人にかっけが少ないということ。この時代の貧しい食事といえば、麦飯のことだった。そこで高木はかっけの原因を確かめるために、ある実験をおこなった。

42

船の上の大実験

高木は太平洋を航行する軍艦を使って実験をした。一隻の軍艦の食事を白米中心に、もう一隻の軍艦は大麦中心にして、かっけになる人数を調べたんだ。すると、大麦の食事をした軍艦ではかっけになる人数が10分の1だったんだ。

ここで大切なのは、軍艦の中では乗組員は同じ生活をするということ。例えば睡眠時間や運動時間などを規則で同じにできるんだ。そのうえで、食事だけを変えてみた。つまり、原因は食事だということがいえる。

くらべること以外がそろっているか？

のちに、かっけの原因はビタミンB1の不足だということがわかった。白米ばかりの食事だと、ビタミンB1が不足しがちになる。高木の実験が正しかったことが裏づけられたんだ。

こんなふうに、ある事がらが原因かどうかを確かめるには、それ以外の条件をそろえないといけないんだ。

著者

田中　司朗（たなか　しろう）

京都大学大学院医学研究科臨床統計学特定教授。専門は統計学、因果推論。JCCG 生物統計委員、JCOG 運営委員、A-TOP 研究会実行委員。2017 年より臨床統計家育成コースにて臨床試験の統計専門家を育成。「めばえ適塾」に統計検定 4 級を目指す講座を提供し、毎年 30 人を超える小中学生に統計教育を行っている。著書に『医学のための因果推論』（朝倉書店）、共著に『短期集中！オオサンショウウオ先生の 医療統計セミナー 論文読解レベルアップ 30』（羊土社）、編著に『放射線必須データ 32　被ばく影響の根拠』（創元社）など。

艸場　よしみ（くさば　よしみ）

編集者。児童書を多く手がける。主な著書・編著書に『窓をひろげて考えよう〜体験！メディアリテラシー』『世界の人びとに聞いた 100 通りの平和』（かもがわ出版）、『潜入！天才科学者の実験室』『世界でいちばん貧しい大統領のスピーチ』『地球を救う仕事』『光に向かって〜サーロー節子ノーベル平和賞のスピーチ』（汐文社）、『科学にすがるな〜宇宙と死をめぐる特別授業』（岩波書店）ほか。『映画カントクは中学生！』（汐文社）で沖縄タイムス出版文化賞児童部門賞。

アイデア協力■下村えりか（令和メディア研究所）

イラスト■おかやまたかとし

窓をひらけばわかる　データのホント
〜体験！統計リテラシー〜

2024 年 1 月 30 日　初版発行　　　　　　　　NDC007

著　者—ⓒ 田中司朗　艸場よしみ
発行者—竹村 正治
発行所—株式会社かもがわ出版
　　　　〒602-8119　京都市上京区出水通堀川西入亀屋町 321
　　　　営業　TEL：075-432-2868　FAX：075-432-2869
　　　　振替　01010-5-12436
　　　　編集　TEL：075-432-2934　FAX：075-417-2114
印刷—株式会社光陽メディア

44p 26cm
ISBN　978-4-7803-1295-9　C8036